中国的出口管制

（2021 年 12 月）

中 华 人 民 共 和 国
国务院新闻办公室

人 民 出 版 社

目　　录

前　言

　　出口管制是指对两用物项、军品、核以及其他与维护国家安全和利益、履行防扩散等国际义务相关的货物、技术、服务等物项出口,采取禁止或者限制性措施,是国际上通行的做法。

　　当今世界正经历百年未有之大变局,不稳定性不确定性显著上升,国际安全体系和秩序受到冲击,世界和平面临多元挑战和威胁。公正、合理、非歧视的出口管制,对于有效应对新形势下国际和地区安全风险与挑战、维护世界和平与发展,地位和作用日益凸显。各国普遍高度重视和积极推进出口管制工作,通过建立和执行法律制度,加强和规范出口管制。

　　中国作为联合国安理会常任理事国、世界货物贸易和制造业第一大国,始终本着维护国家安全,维护世界和平与地区安全的原则,不断完善出口管制治理。进入新时代,中国在习近平新时代中国特色社会主义思想指引下,坚持总体国家安全观,更加积极地融入经济全球化进程。中国着眼于更好地建设更高水平开放型经济新体制和建设更高水平的平安中国,实现高质量发展和高水平安全的良性互动,推动出口管制体系现代化,出口管制治理取得新发展、新成就。中国从全球视角思考责任担当,认真履行国际义务,加强国际交流与合作,以实际行动积极参与出口管制国际协调,推动相关国际进程,与各国携手构建人类命运共同体,为世界和平与发展注入了正能量。

为全面介绍中国出口管制的基本立场和政策主张,增进国际社会对中国出口管制的了解,特发布本白皮书。

一、中国出口管制的基本立场

中国作为负责任大国,坚定维护以联合国为核心的国际体系和以国际法为基础的国际秩序,切实维护符合真正多边主义的国际条约和机制的权威,积极推进国际出口管制朝着公正、合理、非歧视的正确方向发展。

(一) 坚持总体国家安全观

经济全球化时代,各国安全相互关联,彼此影响。中国始终坚持总体国家安全观,统筹发展和安全,统筹开放和安全,统筹传统安全和非传统安全,统筹自身安全和共同安全,统筹维护和塑造国家安全,努力建设与中国国际地位相称,同国家安全和利益相适应的出口管制体系。中国主张,各国创新安全理念,树立共同、综合、合作、可持续的全球安全观,特别是大国应当履行大国义务,展现大国责任担当,在出口管制领域推进国际共同安全,共同构建普遍安全的人类命运共同体。

（二）认真履行国际义务和承诺

维护国际和平，履行防扩散等国际义务是中国的庄严承诺。中国积极履行国际义务，广泛借鉴国际通行做法，大力加强和完善出口管制体系建设。中国坚决反对一切形式的大规模杀伤性武器及其运载工具的扩散，并形成以《出口管制法》为统领，涵盖两用物项、军品、核以及其他与维护国家安全和利益、履行防扩散等国际义务相关的货物、技术、服务等物项的出口管制体系。

（三）积极推进国际合作协调

当今世界，各国日益成为命运共同体。越是面临全球性挑战，越要合作应对。中国主张，通过国际协调合作和多边机制，妥善解决分歧和争端，使各国成为相互信任、平等合作的伙伴。当前，全球治理体制变革正处在历史转折点，中国主张，出口管制国际协调应切实增加新兴市场国家和发展中国家的代表性，更好实现各国在国际合作中权利平等、机会平等、规则平等，更加平衡地反映大多数国家意愿和利益，共同营造和平稳定、平等互信、合作共赢的国际环境。

（四）坚决反对滥用出口管制措施

任何国家和地区都不应滥用出口管制措施,无理实施歧视性限制措施,在防扩散问题上推行双重标准,甚至推动出口管制有关多边机制趋向歧视性和排他性。《不扩散核武器条约》《禁止细菌(生物)及毒素武器的发展、生产及储存以及销毁这类武器的公约》(以下简称《禁止生物武器公约》)《关于禁止发展、生产、储存和使用化学武器及销毁此种武器的公约》(以下简称《禁止化学武器公约》)以及一系列联大、联合国安理会决议,都规定了确保各国不受歧视地充分享有和平利用的权利。中国主张,出口管制应当遵守公正、合理、非歧视原则,不应当损害其他国家和平利用出口管制物项的正当权益,不应当对和平利用科技进步成果促进发展、正常国际科技交流与经贸合作、全球产业链供应链安全顺畅运转设置障碍。中国呼吁,在全球化日益深入、新技术不断涌现的今天,各国既应对出口管制有关风险和威胁实施有效管控,营造有利于经济社会发展的安全环境,也要积极推动科技发展的普惠共享,不断增进全人类福祉。

二、不断完善出口管制法律
制度和管理体制

中国坚持全面依法治国基本方略,既立足中国国情,又借鉴国外有益经验,不断健全出口管制法律制度,完善出口管制管理体制,为出口管制提供法治和体制保障。

(一) 建立健全出口管制法律制度

改革开放以来,中国经济发展的内外环境发生了深刻变化,社会主义市场经济体制不断完善,出口管制工作的法治化水平不断提升。自 20 世纪 90 年代起,中国先后颁布《监控化学品管理条例》《核出口管制条例》《军品出口管理条例》《核两用品及相关技术出口管制条例》《导弹及相关物项和技术出口管制条例》和《生物两用品及相关设备和技术出口管制条例》等 6 部行政法规。商务部、工业和信息化部、海关总署、国家国防科技工业局、国家原子能机构、中央军委装备发展部等相关部门配套出台数十项部门规章及相关规范性文件,细化出口管制事项规定,包括对特定物项的具体规定、许可管理及执法监督的具体规定、实施联合国安理会有关决议的相关文件等。

2020年10月,中国颁布《出口管制法》,对出口管制体制、管制措施以及国际合作等作出明确规定,统一确立出口管制政策、管制清单、临时管制、管控名单以及监督管理等方面的基本制度框架和规则。《出口管制法》是在总结中国出口管制实践经验基础上,根据形势变化,借鉴国际通行做法,提升立法层级而制定的一部统领中国出口管制工作的法律,对中国出口管制的制度做出全面安排,确保管制物项、适用主体和管制环节全覆盖。《出口管制法》出台以来,为确保各项制度有效实施,国家出口管制管理部门积极开展相关配套法规、部门规章的"立改废"工作,确保出口管制法律制度各领域之间高效衔接。除《出口管制法》外,《对外贸易法》《国家安全法》《数据安全法》《核安全法》《海关法》《行政许可法》《行政处罚法》《刑法》等法律也为出口管制措施执行等相关工作提供了有力法律依据。目前,中国已基本形成法律、行政法规、部门规章相衔接,层次分明、结构协调的出口管制法律制度,为构建中国特色现代化出口管制体系奠定了坚实的法律基础。

（二）构建协同高效的出口管制管理体制

出口管制涉及国务院、中央军事委员会的多个部门。国家建立健全出口管制工作机制，明确各部门分工，为出口管制工作提供了坚实的体制保障。

两用物项出口管制管理体制。核两用物项出口，由商务部会同国家原子能机构进行管理；生物类两用物项出口，由商务部根据需要会同农业农村部、国家卫生健康委员会等部门进行管理；有关化学品类两用物项出口，由商务部进行管理；导弹类两用物项出口，由商务部根据需要会同国家国防科技工业局、中央军委装备发展部等部门进行管理；商用密码出口，由商务部会同国家密码管理局进行管理，《密码法》规定商用密码出口管制清单由商务部会同国家密码管理局和海关总署制定并公布；监控化学品出口，由工业和信息化部会同商务部进行出口经营者资质管理，工业和信息化部负责具体出口审查。

军品出口管制管理体制。军品出口，由国家国防科技工业局与中央军委装备发展部根据分工进行管理，主要管理内容包括审批军品出口专营资格、军品出口立项、军品出口项目、军品出口合同，核发军品出口许可证，制定相关业务管理办法,对军品出口活动进行监督管理,对军品出口管制违法行为进行处罚等。

核出口管制管理体制。核出口,由国家原子能机构、商务部会同其他部门进行管理。核出口由国务院指定的单位专营,并坚决贯彻核出口保证只用于和平目的、接受国际原子能机构保障监督、未经中国政府许可不得向第三国转让等三项原则。管理部门对核出口实施严格的审查制度,并对违法行为采取严厉的处罚措施。

海关总署与相关管理部门紧密合作,依法对管制物项的出口实施监管,参与相关违法出口案件的调查处理,开展风险防控、监督执法等相关工作。

三、持续推进出口管制体系现代化

中国严格执行出口管制各项法律法规,将郑重承诺转化为实际行动,以制度为基础,以技术为支撑,逐步实现全覆盖、全链条、全方位的有效监管,构建设计科学、运转有序、执行有力的现代化出口管制体系。

(一)优化许可管理

中国的出口管制广泛采取国际通行的许可证管理、最终用户和最终用途证明、通用许可等制度。中国建立跨部门许可会商制度和两级管理模式,不断完善许可流程,不断丰富许可证管理种类,不断提升许可管理水平,有力促进出口管制物项合规贸易,优化高水平对外开放下的营商环境。

建立许可会商制度,确保审查严谨准确。在两用物项出口许可审查环节,建立商务部、外交部、工业和信息化部、国家国防科技工业局、国家原子能机构、中央军委装备发展部等部门参与的出口管制许可会商制度。各部门各司其职、分工协作、密切配合,从国家安全和利益、国际义务、最终用户和最终用途等方面对出口申请进行审查,确保相关出口符合法律及相关政策规定。

推行两级管理模式,便捷许可申请办理。中国地域广阔,申请出口许可的企业来自于全国各地。中国统筹兼顾管制和促进的关系,保障和促进合规贸易,在许可管理上推行两级管理模式,委托省级人民政府有关部门向出口经营者提供出口管制公共服务,协助其转报出口申请。许可审查的批准结果,通过网络数据化形式,传送至出口经营者和中国海关。为提高贸易便利化水平,2021 年 7 月起,商务部对两用物项出口许可施行无纸化管理,实现业务申请、业务审核、许可证签发、货物通关全流程电子化,缩短办证时间 5 至 7 天。

完善许可管理措施,提升精准管理水平。以完善最终用户和最终用途证明制度为重点,推进多层次管理。一般情况下,要求出口经营者提供由最终用户出具的最终用途证明文件;对具有潜在风险的出口申请,要求提供经最终用户所在国家和地区政府机构和中国驻有关国家使领馆认证的最终用户和最终用途证明文件,或者要求最终用户所在国家和地区政府机构出具最终用户和最终用途证明文件。

中国施行通用许可措施,丰富许可证管理种类,对建立出口管制内部合规制度且运行情况良好的出口经营者,在符合规定条件的情况下,可授予通用许可,允许其在有效期内多次向多个国家和地区或多个最终用户出口使用。多措并举的许可管理措施,提高了许可管理的针对性和有效性。

建立专家支持队伍,支撑科学高效管理。中国高度重视专家力量建设,以法律规定形式明确建立健全出口管制专家咨询机制。有关部门组织两用物项、军品、核等领域相关专家,建立出口管制专家支持队伍,协助作出科学准确判断。多年来,专家队伍对清单制定、许可管理、监督执法、业务咨询等工作提供了有力支持。随着出口管制工作专业化要求不断提高,中国将继续加大专家力量投入,打造一支领域全、业务精的专业队伍,为新时期出口管制工作提供更加专业、高效的支撑。

(二)提升执法能力

中国不断完善出口管制执法机制,拓展执法方式,提升执法能力,逐步健全权责统一、权威高效的出口管制执法制度,有效打击出口管制违法活动,保障出口管制法律法规得到完整、准确、严格实施。

完善组织机构,构建协同有力执法机制。强化商务部的出口管制专门机构建设,2014年,商务部设立了专职出口管制执法队伍,负责出口管制执法制度建设、案件调查等工作。商务部、公安部、工业和信息化部、海关总署等部门加强横向协作执法,并与各省级人民政府相关部门纵向联动执法。各部门和地方横纵相间的执法协作制度,形成了严密的执法网格,为中国出口管制执法提供坚强的组织机制保障,较好解决了中国出口管制执法遇到的地域广、领域宽、查处难等问题。

拓宽手段措施,增强执法监管威慑力。不断提升出口管制执法能力,除授权执法部门实地检查、询问调查、查阅资料等基本执法手段外,还赋予执法部门查封、扣押涉案物项,查询银行账户等多种手段。对违法的出口经营者,执法部门可以依法将其违法情况纳入信用记录,有效增强执法威慑力。中国的出口管制执法对出口各环节实施全覆盖,不仅严格监管出口环节,还对中介服务参与违法出口实施管控,禁止相关机构和个人为出口管制违法行为提供代理、货运、寄递、报关、第三方电子商务交易平台和金融等中介服务。中国注重推行监管谈话、行政指导等非强制性执法手段,实施预防、指导、监督等措施,确保执法效果。

推进执法装备和信息化运用,切实强化保障能力。中国加大出口管制执法装备设施投入,中国海关配备专门用来测检放射性、生物和化学等物项的专业设备,显著提高识别、检查和处置出口管制物项的效率,有效帮助执法人员侦测违法出口。中国积极改进执法信息运用,加强执法、管理等机构有关非法出口活动信息的交流合作。中国重视出口管制违法案件信息数据统计分析,实现涉案企业、案情等基本信息综合运用功能,健全信息化支撑。出口管制执法机构定期对执法官员进行全面的政策法规、物项识别及执法技能培训,提升执法能力。

（三）推进合规建设

中国高度重视出口管制合规建设,坚持"政府引导、企业为主、多方联动"的原则,夯实法律基础,完善政策框架,开展宣传培训,推动出口管制合规建设取得积极成效。

加强法治保障。注重夯实合规建设的法治基础。《出口管制法》明确,中国政府部门适时发布有关行业出口管制指南,引导出口经营者建立健全出口管制内部合规制度以规范经营。明确激励措施,对建立出口管制内部合规制度且运行情况良好的出口经营者,可依法给予通用许可等便利措施。中国以法律的形式，为政府有效引导出口管制合规建设提供法治保障，为企业建立健全内部合规制度提供法律依据。

加强政策指引。2007年，商务部首次发布两用物项和技术经营企业建立内部出口控制机制的指导意见。2021年，商务部修订并发布《商务部关于两用物项出口经营者建立出口管制内部合规机制的指导意见》，将合规要素拓展为9个，包括拟定政策声明、建立组织机构、全面风险评估、确立审查程序、制定应急措施、开展教育培训、完善合规审计、保留资料档案和编制管理手册。新增《两用物项出口管制内部合规指南》，提供更详尽指引和场景化参考。在核领域中国发布了核进出口合规管理机制建设指南等文件。

加强公共服务。高度重视出口管制合规宣传培训，不断加大宣传力度，提高全社会合规水平。各级政府深入企业调研座谈，针对重点领域开展培训，夯实出口管制合规意识，培育出口管制合规文化。近年来，年均举办多形式培训和研讨交流20余次，约3万人次参加。2021年，商务部启动出口管制信息服务平台建设，加大指导和服务力度。积极引导商协会、中介机构、专家智库等社会资源开展出口管制合规研究，提供咨询服务，共同参与出口管制合规建设。

（四）履行国际义务

中国一贯主张全面禁止和彻底销毁核武器、生物武器和化学武器等大规模杀伤性武器，坚决反对此类武器及其运载工具的扩散，不支持、不鼓励、不帮助任何国家发展大规模杀伤性武器及其运载工具。中国致力于规范常规武器贸易，打击武器非法贩运，缓解常规武器滥用引发的人道主义问题。中国坚定维护有关国际条约的权威性和有效性，严格履行国际义务，维护国际和地区和平稳定。

在核领域，中国于 1984 年加入国际原子能机构，1988 年与国际原子能机构签署《中华人民共和国和国际原子能机构关于在中国实施保障的协定》，自愿将本国民用核设施置于该机构的保障监督之下。1992 年，中国加入《不扩散核武器条约》。中国积极参与日内瓦裁军谈判会议有关《全面禁止核试验条约》的谈判，为该条约的达成作出重要贡献，并于 1996 年首批签约。1997 年 10 月，中国加入"桑戈委员会"。1998 年，中国签署关于加强国际原子能机构保障监督的附加议定书，并于 2002 年初正式完成该附加议定书生效的国内法律程序，成为第一个完成上述程序的核武器国家。2004 年 6 月，中国加入"核供应国集团"，积极参与"集团"相关事务,履行"集团"权利义务。

在生物领域,中国 1984 年加入《禁止生物武器公约》,一贯严格履行公约义务。中国始终按时全面提交履约建立信任措施宣布材料,深入参与公约审议进程,在规范生物科研活动、生物技术和资源全球分配等领域积极提出多边倡议,在加强生物实验室安全等领域积极向国际社会提供公共产品,不断加强生物两用品及相关设备和技术的出口管制,及时修订管制清单。中国倡导推动公约审议进程取得积极成果,特别是谈判制定具有法律约束力的核查议定书,以全面加强公约有效性。

在化学领域,中国为达成《禁止化学武器公约》作出积极贡献。1993 年 1 月,中国签署公约。1997 年 4 月,中国递交批准书,成为公约的原始缔约国。中国坚定支持公约宗旨和目标,推动各方严格履行义务,平衡、有效落实公约各项条款。自公约生效以来,中国按照公约要求颁布国内履约立法,设立专门履约机构,并按时、完整地提交各类年度宣布,严格接受禁化武组织相关视察。2020 年,中国按照公约规定时限,完成《禁止化学武器公约》第 24 届缔约国大会增列附表 1 化学品的国内立法程序。

在导弹领域,中国支持国际社会为防止导弹及相关物项和技术扩散所作出的努力,对国际上有关加强导弹防扩散机制的建议持积极和开放的态度。中国借鉴多国出口管制做法,颁布实施《导弹及相关物项和技术出口管制条例》,使中国导弹领域物项和技术出口有了法律依据。中国还积极参与相关国际交流和合作,共同致力于防止弹道导弹扩散。

在军品领域,中国积极参与《武器贸易条约》谈判,对条约的达成作出重要贡献。2019年9月,中国宣布启动加入《武器贸易条约》相关国内法律程序。2020年7月,中国正式加入《武器贸易条约》。中国作为条约缔约国,坚定支持条约的宗旨和目标,全面履行条约义务,并愿与其他缔约国一道,共同致力于规范常规武器贸易,促进条约普遍性和有效性,完善武器贸易全球治理。

四、积极开展出口管制国际交流与合作

中国一贯重视并积极开展出口管制国际交流与合作，推动增信释疑、互学互鉴，促进出口管制的国际协调，促进出口管制物项合规贸易，为提升国际出口管制的公正性、开放性作出中国贡献。

（一）开展双边交流与合作

中国在相互尊重、平等互利的基础上，积极开展出口管制双边交流与合作，通过对话协商增进互信，体现中国开放合作的态度，促进双边合作互利共赢。

积极促进出口管制物项合规贸易。中国与多个国家和地区建立政府间机制，开展政府间磋商、研讨，与企业对话等活动，交流经验做法。与有关国家出口管制主管部门保持对话，加强出口管制领域交流合作。中国与俄罗斯等国签署双边协议，相互出具《最终用户和最终用途说明》，推进互信合作。

深入开展双边出口管制、防扩散交流与合作。中国与美国多次举办出口管制物项识别研讨会,增进执法技术交流。在核领域,中国与美国、俄罗斯、英国、法国、德国以及欧盟机构等保持磋商与交流,并依法通过信息交流和执法合作,联合打击违法活动。在监控化学品领域,中国在《禁止化学武器公约》框架下与其他缔约国开展双边交流与合作,并赴德国、西班牙、韩国、日本等国开展最终用户和最终用途核查工作。中国已与 10 余个国家建立副部级、司局级战略安全、军控与防扩散磋商机制,相互分享防扩散领域经验做法,对增进相互理解与合作发挥了重要作用。

除政府间合作外,中国积极支持出口管制非政府间交流与合作。商务部国际贸易经济合作研究院、中国军控与裁军协会、中国现代国际关系研究院、中国核能行业协会等机构积极与相关国家的研究机构等开展非政府间交流、学术研究、民间国际交往活动,通过联合举办研讨会、论坛和实地参观等方式,加深了解,增进友谊。

(二) 加强多边对话和磋商

中国重视通过联合国及出口管制领域的多边机制,对全球性问题、突发性事件保持沟通与磋商，以促进世界和平和地区安全。

中国主张，联合国作为最具普遍性的国际组织，应发挥核心作用，平衡处理防扩散与和平利用的关系，保障发展中国家和平利用科技进步成果的合法权利。2021 年 12 月，在中国的倡议下，第 76 届联大通过"在国际安全领域促进和平利用国际合作"决议，强调和平利用科技及相关国际合作对经济、社会发展的重要性，敦促各国在履行防扩散国际义务的同时，取消对发展中国家和平利用科技的不合理限制。该决议的通过标志着在联大框架下开启了开放、包容、公正的对话进程，对维护各国和平利用科技的合法权益、推动科技进步成果普惠共享、应对科技发展带来的安全挑战具有重要意义，有助于推动《不扩散核武器条约》《禁止化学武器公约》《禁止生物武器公约》等国际条约得到更加全面、平衡的执行，有助于现有防扩散、出口管制相关机制的成员国加强同其他国家的对话交流，更好地服务于普遍安全与共同发展，符合整个国际社会的共同利益。中国将继续与各方一道，推进联大框架下的对话进程。

2004 年 4 月，联合国安理会一致通过第 1540 号决议，要求各国加强对大规模杀伤性武器及相关材料和技术的国内管理和出口管制,防范和打击非国家实体获取上述物项。该决议是安理会第一个专门的防扩散决议,有利于在国际法基础上推动和加强国际合作。中国积极支持并参加安理会1540委员会等联合国框架下的防扩散工作,积极推动安理会第1540号决议全面审议进程。为推进决议在亚洲地区的执行,中方与安理会1540委员会于2015年、2017年、2019年,分别在中国青岛、西安、厦门举办了三届"亚太地区防扩散国家联络点培训班"。

2004年,中国加入"核供应国集团"。中国严格履行成员义务,积极参与"集团"政策磋商、清单制定、信息交流等事务,与其他成员加强出口管制合作。中国根据"集团"准则,对《核出口管制条例》《核两用品及相关技术出口管制条例》做出相应修订,将进口国接受全面保障监督作为核出口条件,并与"集团"管制清单保持同步,定期修订出口管制清单。

2004年,中国正式申请加入"导弹及其技术控制制度"并与其保持沟通交流,举办5轮对话会,就导弹领域的出口管制制度、管制清单、执法情况及中国加入等问题进行交流和磋商。中国在制定导弹出口管制条例和清单时,借鉴了

"制度"准则和技术附件。

中国同"瓦森纳安排"保持沟通与交流,双方举行了5轮对话会,就常规武器及相关两用物项和技术的出口管制原则、清单及"最佳操作规范"等问题深入交换意见。

中国与"澳大利亚集团"保持接触和交流,双方举行6轮磋商,就生物和化学领域防扩散形势、《禁止化学武器公约》和《禁止生物武器公约》履约情况、"澳大利亚集团"运作情况等交换意见。

中国愿同国际社会共同推动出口管制相关多边机制保持公正性和开放性,增加成员的代表性和多样性,坚持走团结合作之路,抵制歧视性做法,携手应对各种全球性问题,共同创造人类更加美好的未来。

结　束　语

当前，国际格局深刻演变，国际出口管制面临诸多挑战，建设一个持久和平、普遍安全、共同繁荣、开放包容、清洁美丽的世界任重道远。加强国际合作，谋求共同安全与发展，需要各国长期不懈的共同努力。

中国将坚持总体国家安全观，不断推进出口管制体系和能力建设，强化管理，严格执法，推进合规建设，有效应对新形势下面临的风险和挑战。中国将担当大国责任，履行国际义务和承诺，开展出口管制交流与合作，同各国一道，推进国际出口管制治理健康发展，为构建人类命运共同体作出积极贡献。

责任编辑：刘敬文

图书在版编目(CIP)数据

中国的出口管制/中华人民共和国国务院新闻办公室 著.—北京：人民出版社,2021.12
ISBN 978－7－01－024417－4

Ⅰ.①中…　Ⅱ.①中…　Ⅲ.①对外贸易管制-白皮书-中国　Ⅳ.①F752.01

中国版本图书馆 CIP 数据核字(2021)第 276278 号

中国的出口管制
ZHONGGUO DE CHUKOU GUANZHI

(2021 年 12 月)

中华人民共和国国务院新闻办公室

人民出版社 出版发行
(100706　北京市东城区隆福寺街 99 号)

中煤(北京)印务有限公司印刷　新华书店经销

2021 年 12 月第 1 版　2021 年 12 月北京第 1 次印刷
开本:787 毫米×1092 毫米 1/16　印张:2
字数:13 千字

ISBN 978－7－01－024417－4　定价:10.00 元

邮购地址 100706　北京市东城区隆福寺街 99 号
人民东方图书销售中心　电话 (010)65250042　65289539